colecção Temas de Psicanálise • 10

KATE BARROWS

Inveja

TRADUÇÃO DE
MIGUEL SERRAS PEREIRA

ALMEDINA

Inveja

AUTOR
Kate Barrows

TÍTULO ORIGINAL
Envy

TRADUÇÃO
Miguel Serras Pereira

COORDENAÇÃO DA COLECÇÃO
Ivan Ward

EDIÇÃO
Almedina
www.almedina.net
editora@almedina.net

DESIGN
FBA.
www.fba.pt

IMPRESSÃO E ACABAMENTO
G.C. – Gráfica de Coimbra, Lda.
producao@graficadecoimbra.pt

ISBN 978-972-40-3996-1
DEPÓSITO LEGAL: 309392/10
Abril de 2010

©2002, Kate Barrows
Publicado em Inglaterra por Icon Books, Lda.,
Grange Road, Duxford, Cambridge CB2 4QF.

Toda a reprodução desta obra, por fotocópia ou outro qualquer processo, sem prévia autorização escrita do Editor, é ilícita e passível de procedimento judicial contra o infractor.

Biblioteca Nacional de Portugal – Catalogação na Publicação

BARROWS, Kate

Inveja . – (Temas de psicanálise)
ISBN 978-972-40-3996-1

CDU 159.9

Dedicatória

À minha família

Introdução

A inveja foi reconhecida como um dos maiores problemas da humanidade muito antes da existência da psicanálise. A inveja é, bem vistas as coisas, um dos sete pecados mortais, e segundo Chaucer é "o pior dos pecados. Porque, na verdade, todos os outros pecados são contrários a uma virtude particular, mas a Inveja é contrária a todas as virtudes e a todas as bondades … e é como o Diabo que se regozija sempre com o que o homem sofre"[1].

Chaucer diz que a inveja fica cheia de desgosto perante o bem e a prosperidade de outrem, e que se alegra com o infortúnio alheio. Tal é a marca distintiva da inveja: a falta nela de qualquer fim positivo. Todos os outros "pecados" têm um alvo que, embora possa ser mal dirigido ou egoísta, procura obter um objecto de desejo. A gula, a avareza, a luxúria, o orgulho são, cada um à sua maneira, guiados pelo desejo de alguma coisa apetecível, ainda que à custa de uma outra pessoa. Só a inveja não conduz a qualquer ganho, uma vez que o objecto de admiração é degradado pela inveja, tornando-se portanto indesejável. O único ganho manifesto seria assim o prazer sádico – "a alegria com o sofrimento de outro homem"[2].

Chaucer descreve algumas das maneiras que a inveja tem de fazer sentir a sua presença, e que nos são, a todos, familiares. Cita "a maledicência e a difamação", e descreve aquele que elogia o seu próximo com um "intento maldoso; porque acrescenta sempre um 'senão' digno de uma reprovação maior do que o louvor merecido pelo anterior elogio"[3]. *Ela* trabalha muito e muito desinteressadamente fazendo obra de caridade, *mas* gosta de ostentar a sua virtude. *Ele* é um excelente pianista, mas toca um bocadinho depressa de mais. Há uns amigos que foram muito prestáveis, *mas* são bastante "superiores".

Definições da inveja

Antes de continuar, gostaria de deixar claro que a palavra "inveja" pode ser usada de duas maneiras bastante diferentes. Chaucer usa-a para referir a força destrutiva e depreciativa que ataca as próprias pessoas ou qualidades que o indivíduo admira. Trata-se da espécie de inveja que os psicanalistas também descrevem. Todavia, o termo é com frequência usada na linguagem corrente para designar uma espécie de inveja que não tem a mesma qualidade perniciosa: pelo contrário, consiste nos dolorosos surtos de uma admiração que torna o indivíduo consciente das suas próprias limitações. Este segundo tipo de inveja pode conduzir à emulação ou a uma aceitação das limitações próprias, em vez de à depreciação e à destrutividade. Invejo as tuas boas qualidades, capacidades e beleza, mas isso não significa necessariamente que queira destruí-las. De facto, a minha admiração por esses atributos pode até inspirar-me a fazer melhor uso dos que me são próprios.

Quando o indivíduo não pode ter esperança de vir a conseguir aquilo que inveja, poderá ainda sentir-se enriquecido por isso e disso recolher algum bem. Uma pessoa mais velha que inveja os jovens poderá sentir-se revigorada pela sua animação e optimismo, embora a sua valorização veicule uma ponta dolorosa de reconhecimento do facto de ela própria não poder voltar a *ser* jovem. Quem inveja um artista ou escritor não pode esperar vir a possuir o seu talento e capacidade, mas pode sentir-se inspirado pela sua criatividade e pela sua visão do mundo.

Viver com uma certa carga deste tipo de inveja faz intrinsecamente parte da apreciação dos outros e do que eles têm a oferecer. Fala-se por vezes, a este respeito, de "inveja emulatória". Nunca serei uma compositora musical brilhante, mas a qualidade da música e as emoções que ela veicula podem ser uma inspiração para mim.

Viver com a forma mais destrutiva da inveja é muito mais duro, mas faz também parte da condição humana. Talvez seja por isso que, embora possamos deplorar alguns dos personagens invejosos que a literatura nos apresenta, os compreendemos e, de certo modo, eles nos atraem. Ao mesmo tempo que talvez provoquem o nosso justificado sentimento de indignação – como acontece com o Iago de Shakespeare ou o Satã do *Paraíso Perdido* de Milton, por exemplo –, esses personagens evocam também a nossa simpatia: sabemos o que é ser como eles. Muitas vezes, as figuras literárias do vilão inspiram maior interesse e compreensão do que os objectos admiráveis da inveja e destrutividade dos primeiros, porque há um vilão dentro de cada um de nós. Talvez as nossas qualidades aceitáveis nos sejam familiares, mas a literatura pode ajudar-nos a aceitar aspectos da nossa personalidade que poderão ser muito difíceis de assumir por conta própria. A inveja destrutiva talvez seja o sentimento que alguém reconhece em si próprio com maior dificuldade, porque se trata da única emoção que aparentemente ataca a *bondade porque esta é boa*. Acresce que a inveja tem por efeito minar tanto as próprias capacidades e bondade da pessoa que inveja como as da pessoa invejada.

Efeitos internos da inveja

Milton, tal como Chaucer, atribuíam a inveja ao diabo, uma vez que Satã personifica a inveja através do seu ódio tanto à força criadora e ao poder de Deus como a Adão e Eva e aos seus amor e sexualidade sem mancha. Satã, depois de ter sido expulso do Paraíso por tentar destronar Deus, percorre a terra e espia Adão e Eva. Domina-o uma inveja avassaladora:

> *Visão de horror, visão de dor! Pois eis*
> *Que estes dois, abraçados no Jardim*
> *Mais feliz, gozarão todas as bênçãos,*
> *Enquanto eu sou lançado para o Inferno*[4].

Como sabemos, Satã passa então, movido pela inveja, a urdir a perda de um tal estado de felicidade e a expulsão de Adão e Eva do Jardim do Paraíso. Pune-os e a Deus pela sua própria queda, e Milton descreve o estado de angústia intolerável que se seguiu ao ataque de Satã movido pela inveja contra Deus e ao seu exílio do paraíso:

> *Pobre de mim! Por onde fugir a este*
> *Desespero sem fim, furor sem fim?*
> *Por onde fujo é – e eu mesmo – sempre Inferno;*
> *E outro fundo mais fundo que o mais fundo*
> *Abre-se ameaçando devorar-me,*
> *E um Céu faz parecer o meu Inferno*[5].

A gula insaciável e a inveja devoradora de Satã são projectadas na boca hiante do Inferno. A sensação de queda por uma espiral descendente descontrolada, de fundos infinitos de desprezo, podem ser o resultado de uma inveja extrema, porque esta causa a agressão das imagens internas boas, deixando o indivíduo sem suportes que o protejam na sua queda.

Uma rapariga de seis anos que queria intensamente ser boa em desenho não suportava que uma outra rapariga da turma fosse claramente mais dotada e produzisse com facilidade desenhos muito melhores do que os dela. Um dia, quando estava sozinha na sala de aula, rasgou o desenho que a rapariga com mais talento ali deixara a secar. Logo a seguir experimentou um sentimento de horror avassalador pelo que fizera, sentiu-se tomada por uma vergonha enorme e ainda mais desajeitada do que antes.

A sua relativa falta de talento achava-se agora extremamente agravada por um sentimento de culpa e de impotência por não ser capaz de reparar as coisas que fizera.

Quando atacamos o objecto exterior da nossa admiração, atacamos também a sua representação no interior da nossa mente. O que nos deixa sem apoio a nível interno, ao mesmo tempo que a culpabilidade que experimentamos em ligação com o ataque afecta os nossos sentimentos de auto-estima. Se as pessoas e qualidades que valorizamos – os nossos "bons objectos", como lhes chamam os psicanalistas – são atacados no interior de nós próprios, isso poderá conduzir-nos a um sentimento de destruição e de desastre internos.

O que foi, então, que levou a criança de seis anos a que nos referimos a rasgar o desenho, ou Satã a desencadear a sua guerra contra Deus? Talvez não tenha sido apenas o facto de os objectos da sua inveja serem percebidos como bons, ou superiores, mas o facto de a sua bondade fazer com que a rapariga, ou Satã, ou noutras ocasiões qualquer de nós a sentirmo-nos sem préstimo por comparação com eles. Talvez sejamos incapazes de tolerar o facto de não sermos os melhores. Por isso, embora a bondade seja alvo de um ataque, talvez este não decorra apenas de um brutal desejo de ferir, mas também de um outro motivo: destruir alguma coisa ou alguém cuja bondade experimentamos em termos que nos fazem sentir maus. A inveja comporta sempre uma comparação – invejamos aquilo que nos falta.

Inveja e ciúme

É importante distinguirmos entre a inveja e esse seu companheiro que é o ciúme, embora os dois muitas vezes se entreteçam intimamente e se sobreponham. O ciúme implica que haja alguém ou alguma coisa que queremos possuir. O motivo é a posse, e a destruição aparece como um meio em vista de um fim. O direito francês reconheceu-o: um homicídio cometido por ciúme, e designado como *crime passionnel* ("crime passional"), era objecto de uma sentença menos pesada do que o crime cometido por outra razão. O rival era assassinado em benefício de um amor apaixonado, embora mortalmente possessivo. Mas a variedade destrutiva da inveja significa que nada pode ser poupado: trata-se de deixar o objecto da nossa admiração deteriorado de tal maneira, que nem nós, nem eles, nem seja quem for possa voltar a gozar dele.

A dificuldade de distinguir entre o ciúme e a inveja é posta em evidência na história seguinte, extremamente impressionante. Um rapazinho de dois anos sentia-se perturbado pelo nascimento de um irmão mais novo, e enquanto a mãe e o recém-nascido estavam no hospital, fez um interrogatório cerrado ao seu pai acerca das coisas da vida – como é que o bebé aparecera, como fora feito e como saíra cá para fora. O pai fez o melhor que pôde tentando responder afectuosa e delicadamente às perguntas do seu filho, e este pareceu satisfeito. Mas pouco depois fez uma birra tremenda porque queria estar no hospital. O pai pensou que o rapazinho estava com ciúmes do novo bebé e perguntou-lhe se queria estar com a mãe. Ao que ele respondeu com veemência: "Não! Eu quero *ser* a mãe!". A observação da gravidez da mãe e a notícia do parto tinham acabado por suscitar a inveja que a birra exprimira, mas que pôde ser de certo modo superada depois de a criança a ter conseguido partilhar com o pai. Em todo o caso, a inveja deste rapazinho era gerível e suportável, e por isso diferente de uma outra variedade de inveja, mais nociva, e muito mais difícil de modificar.

Os exemplos da rapariga que destruiu o desenho e do rapaz perante o nascimento de um novo irmão são experiências cujos tipos encontramos com frequência na vida de todos os dias. O rapazinho foi capaz de comunicar os seus sentimentos ao pai que aceitou a sua inveja e frustração pelo facto de não ser ele próprio a mãe, e lhe tornou os seus sentimentos mais fáceis de suportar. Com o apoio do seu pai, o rapaz começou a elaborar uma imagem *interna* que lhe permitiu uma atitude de certa simpatia e tolerância em relação à sua inveja. Em contrapartida, a rapariga não foi capaz durante anos de contar a ninguém o que fizera, e continuou a sentir-se mal e extremamente só com a sua experiência.

Os nossos mundos internos são em parte criados pelos nossos próprios sentimentos e em parte pelas nossas experiências com os outros. Um ataque movido pela inveja pode deixar-nos sem suportes a nível interno porque nos sentimos como se as outras pessoas estivessem imbuídas dos nossos próprios sentimentos negativos. A rapariguinha sentia que não podia voltar-se para ninguém no mundo exterior porque *na sua mente* as figuras potencialmente protectoras se tinham tornado hostis e agressivas à semelhança dela própria. Temia que a "rasgassem", da mesma maneira que ela rasgara o desenho. Em certas situações pode acontecer que os pais sejam realmente duros e punitivos e que a criança tenha boas razões para não confessar. Mas a dificuldade pode vir também do interior da criança. Mas é muito frequente é que os dois aspectos se combinem.

As duas crianças referidas a título de exemplo mostram-nos o que se passa com duas variedades muito diferentes de consciência. O rapazinho foi capaz de usar o seu pai para o ajudar a desenvolver uma consciência benevolente, ou compreensiva, que reconhece os nossos sentimentos, mas não retalia, ajudando-nos assim a suportar a agressão ou a dor. Por uma razão ou outra, a rapariga, no seu isolamento e culpabilidade, ficou à mercê de uma consciência punitiva e implacável que, embora podendo ajudá-la a controlar o seu comportamento no futuro, teve por resultado impedi-la de ser perdoar a si própria os seus sentimentos de inveja. Todos nós temos estes dois tipos de consciência – compreensiva e implacável – e voltamo-nos para uma ou outra em diferentes ocasiões. Ambas são formadas por uma combinação dos nossos próprios sentimentos e da delicadeza ou dureza reais das outras pessoas presentes nas nossas vidas. A inveja destrutiva é muitas vezes acompanhada por uma consciência persecutória que, por seu turno, conduz ao isolamento e a sentimentos de alienação.

Uma das maneiras que temos de não nos sentirmos solitários na nossa inveja é a que nos fornece a literatura, ao dar-nos a oportunidade de explorarmos as nossas emoções mais profundas, como mostram os exemplos que incluo neste livro e nos permitem elucidar aos nossos próprios olhos a experiência da inveja. Outra maneira de que uma pessoa dispõe para conhecer a sua inveja, e aprender a lidar com ela em vez de a deixar estragar as coisas, é submeter-se a um tratamento psicanalítico. Que têm os psicanalistas a dizer sobre a inveja?

Na esteira de Sigmund Freud[6], muitas das mais destacadas figuras do mundo psicanalítico consideraram que a inveja constitui o principal obstáculo ao desfecho bem sucedido de uma análise, e que aprender a lidar com a inveja poderá ser de fundamental importância para o bem-estar e saúde mental a conseguir pelo paciente.

Freud

Em *Análise Terminável e Interminável*, que escreveu no final da sua vida, Freud descreve como o paciente pode recusar-se a aceitar o auxílio do analista. Sugere que tal se deve ao medo da passividade no homem e à inveja do pénis na mulher.

> *A formação reactiva rebelde produz no homem uma das mais poderosas formas de resistência à transferência. Recusa-se a submeter-se a uma figura de substituição do pai, ou a sentir-se seja de que modo for em dívida perante ela, e por isso **recusa-se a aceitar a cura por parte do médico**. Do desejo de que o pénis é objecto por parte da mulher não pode resultar uma transferência semelhante, mas aquele torna-se nela origem de graves tendências depressivas, devidas à convicção de que **a análise será inútil e nada poderá ser feito para a ajudar**.*[7] [itálicos meus]

Embora a concepção de Freud tome por centro o pénis como símbolo de uma potência e valor psíquicos enormes, vemo-lo assinalar aqui um problema clínico fundamental associado à inveja: por definição, a pessoa invejosa é incapaz de aceitar ajuda porque, tanto no caso do homem como no da mulher, não suporta receber seja o que for que lhe dêem. A dificuldade em ambos os sexos afecta a capacidade de aceitar alguma coisa de outra pessoa.

Seria impossível dar conta do desenvolvimento das ideias psicanalíticas relativas à inveja sem uma menção ainda que breve de uma das contribuições mais controversas e mais ferozmente discutidas de Freud para a teoria psicanalítica: a "inveja do pénis". Freud sustentou que as crianças só conhecem um órgão genital, o pénis. Em seu entender, a rapariga pequena vê-se como tendo sido privada de pénis, ou até mesmo como um rapaz castrado, e não como possuidora de alguma outra coisa própria em seu lugar. Freud pensava que a inveja do pénis por parte da rapariga poderia conduzir a dificuldades posteriores ligadas ao seu reconhecimento numa relação sexual.

Embora numerosos analistas considerem que existe inveja do pénis nos dois sexos – bem vistas as coisas, o rapazinho pode também invejar o pénis plenamente desenvolvido do pai –, a ideia do primado do pénis tem sido fortemente contestada. Como descreverei adiante, a concepção da inveja infantil foi alargada de modo a incluir a inveja da mãe, e antes do mais do seio que amamenta. Do mesmo modo, este alargamento da concepção da inveja, mais plenamente elaborado, acabou por incluir a insistência nas *funções* únicas do órgão invejado, ou do progenitor enquanto alvo da inveja. O pénis é, portanto, invejado pela sua potência, o seio pela sua capacidade de amamentar, o corpo da mãe por ser capaz de conter bebés no seu interior e o de ambos os progenitores por serem, de maneiras diferentes, fontes de vida.

As feministas argumentaram que são os privilégios sociais dos homens que são invejados, mais do que o pénis enquanto tal. Do mesmo modo, os privilégios biológicos e sociais das mulheres de cujo parto os bebés nascem, e que os amamentam e criam, aumentam a inveja que os homens sentem das mulheres. Porque é a *diferença* que suscita a inveja, especialmente quando se trata de uma diferença da qual dependemos.

Abraham

O psicanalista Karl Abraham (1877-1925) sugeriu que a inveja pode causar dificuldades num estádio mais precoce, chamando a atenção para a possibilidade da inveja do seio na criança de peito.

Como Freud, Abraham insistia vigorosamente na relação com o pai. Mas ao mesmo tempo introduzia ideias que viriam a transformar o rosto da psicanálise e que seriam desenvolvidas por analistas posteriores, e em particular pela sua paciente Melanie Klein (1882--1960), pioneira nos domínios da psicanálise de adultos e crianças.

Abraham sugeria que a criança mais jovem poderia achar muito difícil aceitar a fecundidade do seio, bem como a potência do pai. Assinalou que "devemos de ter presente que o prazer do período de sucção é em grande medida ***um prazer de receber, de obter uma coisa que nos é dada***" [itálicos meus][8]. Descreveu o modo como a inveja na relação estabelecida pela amamentação pode interferir na gratificação do bebé ao ser amamentado e conduzir a um padrão de relações insatisfatório em cujos termos o indivíduo não é capaz de receber coisas das outras pessoas.

Foi um desenvolvimento novo em psicanálise sugerir que a inveja poderia começar a funcionar neste estádio precoce. Abraham considerava o optimismo e a capacidade de gozar a vida como decorrentes de uma relação de amamentação satisfatória. Mas quando esta relação se torna insatisfatória e o indivíduo não pode apreciar o que lhe é dado, as coisas podem vir a fazer-se muito mais complicadas. Abraham descreveu um tipo de paciente que acha insuportável receber o que o analista pode oferecer-lhe.

> *Em vez de operarem uma transferência estes pacientes tendem a identificar-se com o médico. Em vez de chegarem a uma relação mais próxima com ele, põem-se no seu lugar. Adoptam os seus interesses e gostam de se ocupar eles próprios da psicanálise como ciência, em vez de lhe permitirem que aja sobre eles como um método de tratamento.* **Tendem a trocar os papéis,** *tal como uma criança faz quando brinca a ser o pai. Instruem o médico dando-lhe a sua opinião sobre a sua própria neurose, que consideram particularmente interessante, e imaginam que a ciência será especialmente enriquecida graças à sua análise… Em particular, desejam ultrapassar o seu médico, e depreciar os seus talentos e os seus resultados psicanalíticos. Proclamam-se capazes de "fazê-lo*

melhor"… A presença de um elemento de inveja é, em tudo isto, um traço inconfundível.[9] [Itálicos meus]

A observação segundo a qual o paciente "troca os papéis" na sua relação com o analista é uma descrição admiravelmente simples do mecanismo que mais tarde veio a ser conhecido pelo nome de "identificação projectiva". Trata-se de uma manobra por meio da qual o indivíduo se apodera das qualidades invejadas da outra pessoa e projecta nela os seus sentimentos não admitidos. A criança põe-se acima do pai, empoleirando-se em cima de uma peça de mobília mais alta e declarando ao pai efectivo que é um ser muito fraco e ignorante. Abraham, com o toque de humor que torna os seus trabalhos uma leitura tão agradável, descreveu o caso de um neurótico obsessivo que durante alguns meses se agarrou à ideia de que sabia mais de psicanálise do que Abraham. Mais tarde teve a delicadeza de observar:
– Começo agora a ver que você sabe alguma coisa da neurose obsessiva![10]

Klein

Perto do fim da vida, Melanie Klein, tal como Freud, adquiriu a convicção de que um dos traços da inveja era a sua ubiquidade, e escreveu a esse respeito o seu marcante ensaio "Inveja e Gratidão". Via a inveja como uma manifestação da pulsão de morte, um conceito que fora objecto de viva controvérsia entre psicanalistas. Quer pensemos que existe uma pulsão de morte *per se*, quer que existem simplesmente forças destrutivas na natureza humana, a inveja é claramente uma expressão de tais forças. É o que se manifesta no facto de atacar a bondade e, portanto, a própria vida. Klein foi ao fundo do problema: "A capacidade de dar e de preservar a vida é sentida como o maior dos dons e por isso a criatividade torna-se a principal causa da inveja"[11]. Considerava a inveja como dirigida contra a mãe enquanto fonte de vida e sustento, constituindo objectos da inveja tanto as qualidades da sua mente como as suas capacidades físicas.

Klein sugeriu que a paz de espírito de uma outra pessoa pode suscitar inveja. Descreve o modo como, no paciente, "a infelicidade, sofrimento e conflitos que atravessa são comparados com o que sente ser pelo contrário a paz de espírito do analista – ou, de facto, a sua saúde mental –, e isso é uma particular causa de inveja"[12].

Uma paciente em análise chegou a uma das sessões queixando-se de aquilo de que mais necessitava, a "paz de espírito", era o que mais lhe faltava. Começou a seguir num tom de voz invejoso e quezilento um certo número de pessoas que a ajudavam, e tornou-se claro que não queria que nem essas pessoas, nem a sua analista tivessem "paz de espírito", mas em vez disso se preocupassem com tudo aquilo que podiam estar a fazer mal feito. Quando, através da análise, passou a reconhecer que era a sua dificuldade de aceitar auxílio, de viver e de deixar viver a causa da sua impossibilidade de encontrar satisfação, tornou-se pouco a pouco mais feliz e arranjou maneira de pôr de lado algumas das suas queixas.

Melanie Klein, como Abraham, pensava que a relação de dependência mais precoce, envolvendo a mãe e o seio ou o *biberon*, é a primeira relação em que a inveja desempenha um papel. Adiantou a hipótese segundo a qual

>   *...o bom objecto primitivo, o seio da mãe, forma o núcleo do eu e a vitalidade contribui para o seu crescimento ... o*

conjunto dos desejos pulsionais [do bebé] *e as suas fantasias inconscientes imbuem o seio de qualidades que vão muito para além do alimento que realmente fornece ... [e] assim enriquecem o objecto primitivo que constituirá então a base da esperança, da confiança e da crença na bondade*[13].

A construção desta base implica um trabalho emocional. Melanie Klein postulou que o bebé de início cinde os seus sentimentos em bons e maus, em termos idealizados e persecutórios. Os bebés podem oscilar entre estados de contentamento exultante e outros de extrema infelicidade e raiva, e devemos considerar normal que assim seja[14].

Pouco a pouco, graças ao facto de a mãe compreender os sentimentos extremos do bebé e de o ajudar a suportá-los, ele deixa de ter a necessidade de isolar em termos tão estanques os sentimentos positivos e negativos. O bebé passa a dar-se conta de que a mãe que odeia é também aquela que ama, e desenvolve a capacidade de tolerar sentimentos de ambivalência. Se houver demasiadas interferências da inveja nestes estádios precoces, o objecto idealizado e depois o objecto bom não podem estabelecer-se no psiquismo do bebé, e este tende a confundir o bom e o mau. Klein sugeria que esta poderá ser a base dos estados confusionais. (Este aspecto foi posteriormente explorado com maior precisão por Herbert Rosenfeld[15].) O bebé – ou, mais tarde, a criança e o adulto – pode também sofrer de dificuldades na amamentação se, na sua imaginação, sentir que atacou o seio invejado e o transformou num seio venenoso. Mais tarde, estas fantasias precoces podem ter por resultado dificuldades em confiar noutras pessoas. Do mesmo modo, numa análise,

> *... a inveja e as atitudes a que ela dá lugar interferem perturbando a construção gradual de um objecto bom na situação da transferência. Se no estádio mais precoce o bom alimento e o bom objecto primitivo não puderam ser aceites e assimilados, essa situação repete-se na transferência entravando o curso da análise*[16].

Por outras palavras, o paciente faz a experiência de dificuldades quando se trata de digerir e assimilar a compreensão de si próprio que a análise lhe proporciona.

Um exemplo extraído de uma análise pode ilustrar aqui a conexão entre as perturbações concretas no que se refere ao seio e as perturbações simbólicas no que se refere aos domínios da criatividade e da auto-realização. Uma mulher jovem, que procurou a análise sofrendo de uma perturbação alimentar grave e de uma fobia social, sentia que apesar de tudo o maior problema que tinha era a sua dificuldade em manter algum interesse na vida. Estava suficientemente consciente de si própria para compreender que não era a sua falta de dinheiro ou bens, nem mesmo a sua falta de saúde física, o que mais a perturbava, mas sim a sua dificuldade em manter vivo o seu interesse pelas pessoas e por aquilo que o mundo tinha para lhe oferecer.

Este problema revelou-se depois ligado às dificuldades alimentares e à fobia, porque a sua desconfiança relativa aos alimentos e às pessoas tinha a mesma origem. A sua primitiva relação com a fonte de alimento e de interesse e criatividade fora afectada por sentimentos de inveja, de maneira a torná-lhe impossível apoiar-se num bom objecto interno que lhe assegurasse uma base de confiança noutras fontes de alimento ou noutras fontes de contacto e interesse humanos.

Todavia, o facto de a paciente manter o desejo de ter interesse na vida foi de enorme importância para ela. Forneceu-lhe a motivação necessária à mudança, e ajudou-a a ser capaz de emergir do seu estado de isolamento e a empenhar-se em viver. O que implicou que a paciente tivesse, na sua análise, de lidar com uma parte invejosa de si própria que minava a sua capacidade de interesse e de experiências gratificantes, ao mesmo tempo que atacava a capacidade da sua analista de a ajudar. À medida que se foi tornando mais capaz de sustentar o seu interesse e implicação nas coisas, passou também a conhecer sentimentos de gratidão tendo por objecto tanto a sua análise como a própria vida.

Talvez aqui se pergunte: "Porque haveria alguém de atacar as suas *próprias* capacidades?". Mas devemos lembrar que é impossível atacarmos a pessoa que possui o que quereríamos possuir e nos falta sem atacarmos ao mesmo tempo a nossa própria capacidade de mantermos a nossa relação com essa pessoa de maneira a podermos receber alguma coisa dela – e as capacidades aqui em jogo são, de facto, importantes. O bebé que tem de esperar pela amamentação e se afasta depois do seio, a criança que se zanga com a mãe por esta prestar atenção a outras pessoas ou até mesmo a si própria e que sente, então, que aquilo que a mãe lhe oferece não é bom. Esta situação mina também os seus próprios sentimentos de amor e a sua capacidade de apreciar e experimentar gratidão pelo que a mãe pode dar.

Melanie Klein analisou com sensibilidade e penetração as vicissitudes da inveja e a importância da gratidão, do amor e das experiências de gratificação como elementos capazes de contrariar os efeitos devastadores da inveja. Descreveu de que modo, se o bebé puder beneficiar no conjunto de experiências satisfatórias durante os seus primeiros meses de vida, poderá desenvolver-se uma base de gratidão capaz de mitigar

a inveja e a destrutividade. Estabelecer-se-á assim, mais tarde, uma figura interna boa, "que ama e protege o si-
-próprio e é amada e protegida por ele"[17].

A inveja durante a infância

As emoções que emergem em relação ao seio e à mãe são também experimentadas em relação ao pai, ao par formado pela mãe e pelo pai e aos seus outros bebés, reais ou imaginados. Cada nova relação poderá proporcionar uma oportunidade de reelaboração dos sentimentos precoces, em novos termos e em relação a uma pessoa diferente, o que significa que, embora certas propensões se estabeleçam na primeira relação, continuam a existir novas ocasiões de desenvolvimento. A relação diferente proporcionada pelo pai pode por vezes tornar possível uma experiência de inveja, de um tipo menos intenso do que a suscitada no quadro da relação com a mãe – enquanto, noutros casos, o pai fornecerá pontos de apoio que permitirão lidar melhor com os sentimentos de inveja. Tal foi o caso do rapazinho antes referido que queria ser a sua mãe quando esta acabara precisamente de ter um novo bebé.

No entanto, não são só a mãe e o pai que são invejados, mas também a ligação que os une. Quando o bebé começa a reconhecer que o pai e a mãe têm uma relação própria e diferente, é provável que faça a experiência de uma série de emoções: poderá sentir-se interessado, excitado e tranquilizado pelo facto de a vida seguir o seu curso independentemente dele. Os bebés e as crianças pequenas sentem-se com frequência satisfeitos nas suas brincadeiras e jogos quando ouvem pessoas que conversam perto deles. Mas por vezes experimentam também inveja e ciúme, e ressentidos com o facto de cada um dos progenitores não existir exclusivamente em função das suas pessoas. Num certo estádio de desenvolvimento do bebé ou da criança pequena, é uma experiência corrente para os pais que as suas conversas sejam cortadas e interrompidas pela criança que assim manifesta a sua vontade de se interpor entre eles.

Do mesmo modo, as dificuldades ligadas ao adormecer e a manifestação do desejo de se deitar na cama entre os pais podem decorrer da inveja que a criança experimenta da relação sexual que a mãe e o pai mantêm, uma vez que, embora a criança não conheça a realidade sexual em termos adultos, dá-se conta da existência de um aspecto excitante e importante da relação do qual é excluído, e poderá querer impedir que a mãe e o pai tenham ocasião de prosseguir a sua relação íntima.

Embora a inveja seja evidente já nestas primeiras relações, poderá também vir à tona em novas situações e evocar de novo conflitos mais precoces. Insisti no modo como a inveja se manifesta com particular evidência numa relação de dependência. Mas pode ser igualmente suscitada numa relação que se transforma, dando lugar a sentimentos de insegurança e à impressão de que as outras pessoas estão a ficar com a melhor parte. As novas fases do desenvolvimento, em particular, podem conduzir a sentimentos de inveja: o desmame, o aparecimento de um novo bebé, o ir à escola e o estar fora de casa podem provocar experiências de ciúme e de inveja que se referem ao que se está a perder e ao facto de outra pessoa ocupar agora, na realidade ou na fantasia, a posição anterior. Somos então confrontados uma vez mais com o facto de o mundo não girar à nossa volta: de facto, o seio ou a mãe, definindo a situação de que nos vemos afastados, pode passar perfeitamente sem nós e é uma fonte independente de nós que pode proporcionar alimento e suporte a outra pessoa. Do mesmo modo, a inveja pode ter por alvo também os que se encontram já instalados e são mais bem sucedidos no novo estádio.

Quanto maior satisfação tenha o indivíduo alcançado durante o estágio anterior, maior será a probabilidade de gerir a transformação e de entrar no novo estádio sem demasiado ressentimento. Mas se a satisfação vivida tiver sido insuficiente, ser-lhe-á mais difícil deixar as prerrogativas do estádio anterior e pôr-se a caminho do seguinte. A criança pode protestar ao aprender a andar, porque isso significa que deixará de ser transportada ao colo, ou ao aprender a falar, porque isso significa com uma evidência maior a separação que existe entre a sua mente e a da mãe. Quando a inveja é excessiva, a experiência do desenvolvimento posterior pode tornar-se amarga e levar a que o sentimento de agravo prevaleça. O resmungar e as queixas podem por vezes mascarar a inveja em relação à mãe que não se dedica em exclusivo à criança e o ciúme em relação às outras pessoas que beneficiam da sua atenção. Em tais situações, a inveja e o ciúme entretecem-se intimamente, mas a intensidade da amargura ou do ressentimento podem dar-nos uma pista para avaliarmos o grau da inveja subjacente às queixas.

Por vezes a inveja pode ser dissimulada quando a criança, ou a parte infantil do adulto, sente que controla a fonte que a alimenta, o que lhe permite evitar reconhecê-la como uma fonte separada. A criança ou o adulto que repete alguma nova ideia ou informação que acabou de lhe ser dada como se tivesse pensado nela exclusivamente por conta própria assemelha-se ao bebé que sente que controla o seio.

A inveja na adolescência

A adolescência é um estádio durante o qual é provável que a inveja seja aguda, uma vez que o adolescente tem de lidar com a insegurança e a incerteza quanto ao futuro, bem como no que se refere à sua própria identidade em processo de desenvolvimento. O trabalho sob a forma de uma profissão e as relações sexuais, até então prerrogativas dos adultos, estarão doravante ao seu alcance, mas poderá ser necessário ainda tempo antes de as alcançar. Assim, poderá invejar aqueles que têm uma ideia daquilo que querem fazer na vida e que têm meios ou capacidades para o realizar. Poderá invejar aqueles que têm um trabalho, ou bons resultados nos exames, ou os que têm uma relação sexual segura. Doravante, o que faz com a sua vida torna-se para ele mais claro do que antes, e as perspectivas que entrevê podem ser assustadoras. Nos casos mais extremos, pode refugiar-se num niilismo dirigido contra os valores adultos, o trabalho e as relações adultas, constituindo essa atitude uma expressão de inveja perante coisas com que sente que lhe será difícil lidar. Pode recusar-se a estudar, a arranjar um emprego, a ajudar em casa, experimentando como insuportável não poder ver imediatamente realizados os resultados que percebe nos adultos.

Os adolescentes são especialistas em fazerem inveja uns aos outros. As raparigas, e cada vez mais também os rapazes, usam as suas roupas e apresentação para projectarem inveja nos seus pares, e esperam parecer invejavelmente *cool*. Ser *cool* é dar a impressão de não se ser ansioso, de não se ser afectado pelas ansiedades e agitação dos seus pares, nem, evidentemente, pelas suas próprias. Assim, a inveja que é projectada nos outros é a inveja de um estado de espírito tranquilo, de um estado de espírito no qual o adolescente não se descubra no meio do inevitável turbilhão da sua idade juvenil. A inveja adolescente anda muitas vezes associada à insegurança e é moeda corrente. Nem sempre constitui um traço permanente da personalidade e pode diminuir à medida que o adolescente se torna pouco a pouco mais seguro. Todavia, nos casos em que a inveja foi um problema na infância precoce e nas fases imediatamente seguintes, o seu poder será maior sobre o adolescente.

Uma mulher jovem que, nos seus tempos de criança pequena, invejara profundamente a mãe tentara gerir a sua inveja adoptando um comportamento muito competitivo e bem sucedido, ao mesmo tempo que projectava a sua inveja nos irmãos mais novos. Na adolescência, foi incapaz de manter o ritmo, e desistiu desta solução, fugindo de casa e da escola e sabotando todas as tentativas feitas no sentido de a auxiliar. Tornou-se promíscua e desesperou de si própria e dos seus projectos. Esbarrou na inveja da realização e da sexualidade adultas que durante muito tempo denegara, e foi assim levada a fugir dessas mesmas coisas que teria querido alcançar. Mais tarde procurou ajuda na psicanálise e conseguiu maneira de enfrentar a inveja debilitante que a impedira de levar por diante a sua vida.

A inveja na idade adulta

Na vida adulta, tal como na infância e na adolescência, se a inveja atingir uma intensidade descontrolada num estádio precoce, voltará a emergir em períodos de *stress* e terá de ser objecto de uma nova elaboração para que os sentimentos criativos e positivos possam vir a prevalecer. Os períodos de *stress* incluem tanto as ocasiões difíceis (como a doença ou acidentes) como as ocasiões de mudança e desafio.

Um paciente que estava à procura de emprego numa nova actividade sonhou que tinha uma cicatriz no ombro, por cima da marca de uma mordedura sobre a qual uma nova cicatriz da mesma natureza se inscrevera. Segundo disse, este sonho fê-lo evocar a maneira como habitualmente lidava com situações novas (como mudar de escola), "metendo a cabeça para dentro dos ombros"*, em vez de pensar que ia encontrar um grupo

---

* No original, o paciente fica, nas situações referidas, com "*a chip on his shoulder*" ("uma ferida [golpe] no ombro"), o que significa assumir uma posição defensiva ou de queixa (N.d.T.).

de outras pessoas das quais poderia gostar e que gostaria de sentir que o aceitavam. O paciente fora, quando criança, intensamente afectado pelo nascimento dos irmãos mais novos – tendo estes sido o "primeiro novo grupo de pessoas" da sua vida -, e as situações novas faziam-no reviver esses sentimentos precoces de inveja e ciúme. Enfrentara o nascimento dos irmãos mais novos tornando-se arisco e inacessível, "metendo a cabeça para dentro dos ombros".

Há situações novas que reabrem velhas cicatrizes e ressuscitam sentimentos passados que se torna necessário elaborar de novo. Todavia, as novas experiências podem também proporcionar a possibilidade de uma transformação, fazendo com que os sentimentos precoces em bruto se tornem mais suportáveis. Assim, este homem "com a cabeça metida para dentro dos ombros" foi capaz de usar a elucidação da cura psicanalítica de modo a tornar-se mais comunicativo e a aprender a dar e a receber mais no quadro do seu trabalho e das suas relações.

Quando as experiências precoces foram dominadas pela inveja, tendem a ser evocadas em fases posteriores de mudança. À medida que cada um de nós envelhece, poderá experimentar certa inveja da geração mais jovem e do futuro que os seus membros têm diante de si. Estas assomos de inveja e sentimento de perda podem ser compensados através do prazer inspirado pela vida dos outros e de um sentimento de gratidão pela vida que a pessoa mais velha já viveu. Se a inveja, apesar de tudo, for muito grande, poderá levar, por exemplo, à condenação dos "jovens de hoje" – dissimulando-se sob a forma de um juízo reprovador.

Milton falava do "Tempo, o subtil ladrão da juventude"[18], e as devastações causadas pelo tempo podem ser realmente experimentadas como um roubo movido pela inveja. Algumas pessoas idosas, quando começam a tornar-se senis, convencem-se de que as estão a roubar – que lhes está a ser roubado o seu dinheiro ou os bens por que sentem mais apego, por exemplo. Tal pode ser por vezes uma expressão concreta do seu sentimento de que as suas faculdades e a sua riqueza interior, as coisas valiosas que têm dentro de si, por assim dizer, lhes estão a ser roubadas por alguém que inveja as suas riquezas psíquicas e as suas capacidades. Na idade avançada, a personalidade tende a fragmentar-se quando se verificam grandes perdas de memória e de outras faculdades mentais, e pode então acontecer que a inveja seja experimentada em termos concretos como qualquer coisa com origem no exterior.

A inveja é uma emoção da qual dar conta constitui uma experiência dolorosa em qualquer idade, e por isso tentamos muitas vezes denegá-la. Um dos meios mais poderosos por que tentamos por vezes desembaraçar--nos dela é a "troca de papéis" referida por Abraham. Melanie Klein reformulou essa descrição, chamando--lhe identificação projectiva, e a identificação projectiva acabou por se converter num dos conceitos nucleares da psicanálise contemporânea, sobre o qual muito se tem escrito e debatido. É um meio de nos livrarmos dos sentimentos que gostaríamos de não ter e de tentarmos aceder aos sentimentos que gostaríamos de ter. Se for a inveja o sentimento do qual nos queremos desembaraçar, por exemplo, a fim de nos não sentirmos invejosos, projectaremos assim a inveja na outra pessoa, sublinhando subtilmente as suas falhas e insinuando os nossos recursos tido por superiores. Cobrimo-nos com a sua bela plumagem, e tentamos impor-lhe as nossas pobres penas, o nosso sentimento de insuficiência.

A rapariga que começa a ser uma "senhora" atribui habitualmente a uma das suas companheiras um papel inferior. O brilho do espírito de uma pessoa culta pode fazer com que nos sintamos ignorantes e limitados. Mas quando tentamos desembaraçar-nos dos sentimentos de inveja, as qualidades invejadas das quais tentamos apoderar-nos através da troca de papéis são deformadas por essa troca: uma boa mãe é suplantada por uma "senhorinha", ou um pensador capaz de criar por um pedante sentencioso. O resultado da caricatura compromete muitas vezes o jogo, e desmascara a natureza da inveja que se escondia por de trás dele, porque as admiráveis qualidades invejadas tornaram-se menos admiráveis e adquiriram uma tonalidade desagradável. Por vezes pode haver um grão de verdade em dado aspecto da caricatura, porque a inveja é perspicaz a descobrir os pontos fracos dos outros e hábil a exagerá-los, em detrimento da totalidade da pessoa ou da qualidade admiradas.

Uma vez que este processo é com frequência inconsciente, o indivíduo poderá sentir um extremo mal-estar quando acaba por se dar conta do que esteve a fazer e por reconhecer a inveja que se esforçava até então por denegar. Todavia, há também certas pessoas que têm perfeita consciência dos seus sentimentos de inveja e às quais parece faltar a capacidade de experimentarem remorsos pelos ataques invejosos que empreendem. Estas pessoas são casos muito mais difíceis, uma vez que parecem incapazes dos sentimentos de culpa e empatia que poderiam conduzir a uma mudança, ou pelo menos ao desejo de proteger os outros da inveja experimentada perante eles. Acontece por vezes que a capacidade de remorso e preocupação foi projectada noutras pessoas, membros da família ou figuras detentoras de autoridade. Noutros casos, é como se a possibilidade de sentir preocupação pelos outros tivesse sido suprimida de raiz. É no conjunto de casos assim que se incluem os psicopatas implacáveis ou os que abusam das suas vítimas, mostrando-se incapazes de sentir compaixão, bem como os que manipulam os sentimentos dos outros destruindo assim as suas existências.

Iago

Uma notável figura de celerado deste tipo é o Iago do *Otelo* de Shakespeare[19]. Iago é movido pela incansável inveja que lhe suscitam Otelo, o Mouro, e da recente esposa de Otelo, Desdémona. Otelo e Desdémona casaram em segredo, uma vez que o pai dela não teria consentido no seu casamento com alguém de outra raça, mas tratou-se de um casamento presidido pelo amor mútuo e pelo mútuo respeito. Iago tem ainda outros agravos: a promoção de Cássio que, ao ser preferido por Otelo para seu tenente, o deixa para trás, e o ressentimento que experimenta por não continuar a receber dinheiro de Rodrigo, que lhe pagava os seus serviços de intermediário entre a sua própria pessoa e Desdémona, antes de esta se tornar manifestamente inacessível. Iago suspeita do mesmo modo (provavelmente sem fundamento) que Otelo terá tido um caso de amor com a sua própria esposa, Emília. Em vez de tentar verificar se as suas suspeitas são ou não fundadas, Iago decide

> ... *pôr o Mouro*
> *pelo menos um ciúme tão forte*
> *que o juízo da razão não possa repará-lo ...*
> (II, 1, 299-301)

Iago projecta pois em Otelo os seus próprios ciúmes e falta de discernimento, a sua incapacidade de ajuizar da realidade, e parece não estar interessado na verdade: explora os seus próprios sentimentos e os de Otelo em termos de manipulação, visando causar a queda do segundo. Maquina um modo de pôr o ciúme desenfreado de Otelo ao serviço da sua própria inveja e dos seus planos em vista de:

> *Fazer o Mouro agradecer-me, amar-me e recompensar-me*
> *Por dele ter eu feito um asno consumado,*
> *E arruinado a sua paz e o seu sossego*
> *lançando-o na loucura.*
>
> (II, 1, 307-310)

Tal é a estratégia de "troca de papéis"[20] adoptada por Iago para se livrar do seu próprio sentimento de fazer uma triste figura e de ser desprezado por Otelo. Quer pôr-se no lugar de Otelo, não à maneira de Macbeth que quer literalmente ser o rei, mas mostrando-se "fiel" e "honesto" enquanto Otelo enlouquecer de ciúme. A paz de espírito de Otelo ficará arruinada para sempre, como este último compreende ao exclamar:

> *Oh, agora e para sempre,*
> *Adeus paz do meu espírito, adeus contentamento …*
>
> (III, 3, 352-353)

Melanie Klein assinalava que uma das qualidades que mais inveja suscitam é a paz de espírito. Outras qualidades invejáveis são a bondade e a inocência – a ausência de inveja. Iago não pode suportar estas qualidades em Otelo nem em Desdémona e os seus planos passam por despojar Desdémona da sua bondade e da sua inocência:

> *Assim farei de breu a sua virtude,*
> *E com a sua bondade tecerei a rede*
> *Que a todos eles há-de enredar.*
> (II, 3, 351-353)

Iago embebeda Cássio fazendo com que este seja destituído do seu cobiçado e recente posto de tenente. Iago sugere depois a Desdémona que interceda junto de Otelo para que este devolva a Cássio o seu posto, o que lhe proporcionará uma boa ocasião de compor um quadro pintando as coisas de modo a impelir Otelo a persuadir-se da infidelidade de Desdémona. O plano é bem sucedido e a mente de Otelo pouco a pouco envenenada pelo ciúme, acabando por levá-lo a asfixiar a sua esposa, antes de se apunhalar a si próprio. Ao contrário de outros vilões de Shakespeare, Iago em nenhuma ocasião mostra remorso, apesar da dor pungente que toma Otelo perante a ruína do seu amor:

> *Oh, Iago, que desgraça esta, Iago!*
> (IV, 1, 192)

Iago mostra-se inabalável perante estes sentimentos e nisso dir-se-ia que representa a encarnação da inveja. Previne Otelo:

> *Cautela, meu senhor, com o ciúme.*
> *Pois é um monstro de olhos verdes que escarnece*
> *Da carne que o alimenta.*
> (III, 3, 169-171)

Houve quem sugerisse que estamos aqui perante uma descrição que se ajusta melhor à inveja do que ao ciúme, e que os dois termos podiam ser usados num sentido que os tornava mais próximos um do outro nos tempos de Shakespeare – empregando-se a palavra "ciúme" (*jealousy*) muito mais frequentemente do que a palavra "inveja" (*envy*). O "monstro de olhos verdes" é certamente o próprio Iago, cujo sarcasmo não conhece limites. No domínio das injúrias sexuais em particular, o desprezo e a lubricidade que animam Iago visam manifestamente chocar, o que sugere, por outro lado, que é a relação sexual amorosa que aquele abomina. Assim, diz a Brabâncio, o pai de Desdémona, quando o informa do casamento secreto que Desdémona e Otelo celebraram:

Agora, agora mesmo, um velho carneiro negro
Há-de estar a cobrir a vossa ovelha branca.

(I, 1, 88-89)

… tereis a vossa filha coberta por um cavalo da Barbaria, tereis os vossos netos relinchando-vos aos ouvidos, tereis corcéis por primos …

(I, 1, 113-15)

Iago ataca a sexualidade amorosa do casal, transformando-a em qualquer coisa de obsceno e cru, e zomba da futura descendência do seu comércio. Um professor de Literatura Inglesa, Frank Kermode sublinhou que "o interesse sexual de Iago é observar a sexualidade dos outros, ou pelo menos pensar no que os outros sexualmente fazem"[21]. Esta espécie de voyeurismo transforma também a natureza da sexualidade: "Iago naturalmente nunca usa a linguagem do amor cortês; para ele qualquer união amorosa significa simplesmente a submissão da vontade às baixas paixões do corpo. Considera Otelo é um "Mouro lascivo" (II, 1, 294)"[22]. O seu racismo e a crueza da sua linguagem sexual sugerem a projecção de uma sexualidade interdita, que é invejada e por isso alvo dos seus ataques. Interrompe a noite de núpcias do casal e mais tarde age sobre Otelo com o propósito de o fazer ver Desdémona do mesmo modo degradante, exultando quando os seus esforços são bem sucedidos:

> *O Mouro está mudado já com o meu veneno.*
> *As ideias perigosas são por natureza venenos,*
> *Os quais de começo quase não repugnam,*
> *Mas discretamente agem sobre o sangue,*
> *Queimando como minas de enxofre ...*
> *... Nem a papoila, agora, nem a mandrágora,*
> *Nem todos os xaropes de sono deste mundo,*
> *Podem curar-te e restituir-te o doce sono*
> *Que ainda ontem dormias.*
> (III, 3, 331-337)

Iago é um especialista da inveja manipuladora: conhece perfeitamente a maneira de manobrar o seu inimigo e fá-lo sem remorso. Impõe ao seu reconhecimento da sexualidade do casal e à ideia da progenitura deste a sua própria concepção monstruosa:

> *Está feito. Concebi-o. A noite e o inferno*
> *Trarão o monstruoso nascimento à luz do mundo.*
> (I, 3, 395-396)

A concepção distorcida e o nascimento monstruoso de Iago conspiram para levar Otelo a destruir Desdémona e o próprio Otelo ilustra o poder manipulador de uma inveja cujo alvo é a devastação. Iago sabe que nada obterá com os seus planos excepto o triunfo da destruição. Mas conseguiu controlar o curso dos acontecimentos e arruinou aquilo de que se sabia excluído gerindo o seu sentimento de inveja por meio da aniquilação daqueles que invejava.

O ódio corrosivo de Iago pela sexualidade limpa e pela inocência emocional, livres de inveja, assemelha-se ao ódio que podemos encontrar em certas formas de perversão sexual. No caso do abuso de crianças pode haver um elemento de inveja da inocência infantil, que se acha evidentemente arruinada para sempre. O sarcasmo de certos travestis é por vezes feroz, como acontece, por exemplo, quando os atributos femininos são distorcidos por uma réplica caricatural ou grotesca da feminidade.

Um respeitável paciente casado mostrava uma forte propensão a escarnecer outras pessoas que de outro modo poderia respeitar, movido pela sua dificuldade em reconhecer o que poderia ser-lhe oferecido pelos outros. Descreveu durante uma sessão o seguinte sonho: *Estava numa exposição de pintura e apreciava realmente o rigor do trabalho de uma pintora. Reconhecia o tempo e a atenção requeridos por um trabalho tão bem feito, comovente e ao mesmo tempo perfeitamente executado. De súbito notou a presença de um* travesti, *envergando uma ridícula indumentária pretensiosa de mulher, que andava de um lado para o outro enchendo a galeria com o seu espalhafato e distraindo dos quadros a atenção dos presentes.*

O paciente sentiu-se confuso e incomodado e despertou. Pensou que ao admirar os quadros feitos pela pintora e o difícil trabalho que pressupunham, estava a apreciar a sua própria análise e o trabalho levado a cabo por uma outra mulher, que era a sua analista. A figura do *travesti* excitava-o e horrorizava-o, fazendo-o evocar uma época da sua juventude em que ele próprio se vestira espalhafatosamente para chamar as atenções, embora nunca tivesse usado roupas de travesti. Parecia evidente que este aspecto de si próprio invejoso e ávido de atenção estava em riscos de desaparecer, agora que o paciente começava a desenvolver uma maior capacidade de apreciação das coisas.

A tentativa de ignorar a inveja

É frequente que a inveja mine os bons sentimentos sem que a pessoa invejosa se dê conta de que isso se passa. É este seu aspecto dissimulado que pode tornar a inveja tão difícil de gerir e tão perniciosa. É experimentada como a serpente escondida entre as ervas, o inimigo oculto que se insinua sem ser visto. Temos muitas maneiras de protegermos a ignorância da nossa própria inveja. E acresce que a inveja pode ser projectada – por exemplo, quando alguém faz alarde dos seus bens, ou dos seus atributos, ou da sua vida muito ocupada em termos que visam suscitar inveja.

Uma paciente reagiu ao facto de eu lhe comunicar que (excepcionalmente) teria de anular uma sessão da sua análise informando-me de que teria, também ela, de faltar a uma sessão. Continuou, depois, explicando-me que ficara furiosa por uns amigos seus se lhe terem antecipado marcando para certa data uma pequena festa, o que lhe fazia parecer muito menos excitante a ideia de dar ela própria uma festa do mesmo género. Dir-se-ia que sentira o anúncio da minha ausência em perspectiva como uma "antecipação" de data da minha parte, como se me preparasse para dar uma festa que faria sombra à sua. Estes aspectos ligados à marcação de uma data pareciam provocar nela sentimentos de inveja e de competição, bem como o desejo de se livrar desses sentimentos projectando-os em mim. O nascimento desta paciente fora seguido pelos de outros irmãos, numa sucessão rápida. Tinha a impressão de que, cada vez que parecia estar a reequilibrar-se depois do nascimento de mais um irmão ou irmã, a mãe lhe anunciava a chegada para breve de outro bebé, o que ateava de novo a sua cólera e a sua inveja.

Se, apesar de tudo, tivermos projectado a nossa inveja com tanto sucesso que acabemos por sentir realmente medo de *ser* invejados, então, em vez de fazermos alarde do que temos, poderemos cair no extremo oposto e procurar refúgio no retraimento. Podemos vestir-nos de cinzento, ou auto-depreciarmo-nos de outras maneiras, de maneira a que ninguém inveje o pobre alguém que somos. É frequente ouvirmos crianças afirmarem que não trabalham em vista dos exames, que não são *realmente* boas no que fazem, o que é uma maneira de tentarem evitar ser atacadas por trabalharem muito ou pelos resultados que conseguem.

O medo do sucesso é mais ou menos tão corrente como o medo do fracasso, uma vez que o sucesso pode trazer consigo o medo da inveja – real ou imaginada.

Os alunos que procuram ajuda quando os seus exames finais se aproximam podem sentir tanto medo do sucesso como do fracasso. O sucesso conduz com frequência a que sejamos invejados pelos outros: um primeiro lugar na classificação, a obtenção de um emprego de primeira qualidade, a distinção alcançada neste ou naquele domínio podem suscitar a inveja alheia. Mas quando este medo da inveja nos inibe sugere que é composto pelos nossos próprios sentimentos projectados.

Uma outra manobra de evitamento consiste em projectar noutras pessoas a parte responsável e participante da personalidade, o que tem por efeito que o indivíduo deixe de se sentir compungido pelos seus sentimentos de inveja. É o que acontece por vezes em casos de delinquência juvenil, que podem implicar ataques invejosos contra a propriedade ou a vida. Os adultos podem então temporariamente assumir-se como portadores da parte responsável e receptiva do adolescente, na esperança de encontrarem maneira de lha devolver, de modo a torná-lo capaz de experimentar de novo um sentimento de responsabilidade e de culpa que o leve a querer conter os seus afectos e a preocupar-se com as vidas dos outros.

Já descrevi, por um lado, a projecção da inveja e, por outro, a projecção da culpa e da responsabilidade. Ora, a junção destes dois tipos de sentimentos, de inveja e de culpa, pode ser extremamente dolorosa. Tão dolorosa, por vezes, ou tão temida, que o indivíduo poderá ser levado a endurecer o seu coração para evitar a dor ou os sentimentos de desespero relativos aos estragos causados pela sua inveja. Podemos aproximar-nos do sentimento do remorso, sentir impulsos de culpabilidade avulsos, pondo-os depois de parte, movidos pela impressão de que os estragos são excessivamente grandes para sermos capazes de os enfrentar. Clivamos então os nossos sentimentos, desfazendo-nos ora dos sentimentos de inveja, ora dos de preocupação, de maneira a não termos de sofrer o efeito perturbante de nos darmos conta de uns e outros.

É evidente que muitas vezes não temos consciência de denegarmos assim os nossos sentimentos. Mas a psicanálise pode introduzir uma ocasião de retomarmos certos aspectos de nós próprios que involuntariamente denegámos. Embora seja dolorosa, a reintegração de aspectos não admitidos do si-próprio poderá despertar um som de verdade que se mostre mais importante do que a dor do reconhecimento. Melanie Klein descreve o sentimento de choque que ocorre quando se encontram duas partes do si-próprio que anteriormente estavam isoladas uma da outra. E sugere que esse sentimento de choque pode ser "o resultado de um importante passo no sentido de reparar a clivagem entre partes diferentes do si-próprio"[23].

A inveja e relação psicanalítica

Uma mulher, profissional do mundo dos negócios, em análise passara algum tempo a lutar com sentimentos de inveja relativos a um colega que entrara para o seu departamento, trazendo consigo uma quantidade de novas ideias e iniciativas. A profissional que estava em análise acabou por se dar conta de que evitara esse colega por não querer admitir o seu sucesso. Sentia-se com remorsos e compreendia que diminuíra o seu papel, pois tinha também contribuições a dar. Todos estes aspectos foram importantes na sua análise, tendo sido interpretados por referência ora à sua relação com a analista, ora à sua relação com o colega.

A paciente começara por sentir que receber novos *insights* da analista era ver-se reduzida nas suas capacidades, mas mais tarde tornou-se capaz de sentir que também ela tinha coisas a oferecer – que não estava numa situação disjuntiva de "ou isto, ou aquilo". Todavia, um dia chegou à sua sessão, depois de uma reunião social, contando que quisera falar com o seu colega, mas que uma mulher hostil a interrompera o tempo todo. Essa mulher hostil fora agressiva para com o colega da paciente, do mesmo modo que ela era sempre agressiva para as pessoas que tinham mais do que ela ou tinham muito para dar. A paciente parecia fascinada pela agressividade da outra mulher, e não parecia muito aborrecida pelo facto de aquela ter feito com que o seu colega batesse em retirada. Disse ainda que aquela mulher interrompia sempre todas as conversas.

Durante a sessão da análise tornou-se possível à profissional a que temos vindo a referir-nos compreender como o seu desejo recente de ser mais capaz de receber o que o seu colega ou a sua analista tinham para lhe oferecer estava a ser sabotado por uma parte de si própria que invejava a sua nova capacidade de uma espécie diferente de relação, caracterizada por um reconhecimento acrescido do que poderia receber dos outros e por uma consciência maior do facto de também a sua contribuição poder ser apreciada. Quando se deu conta de que a mulher hostil representava um aspecto da sua própria pessoa, sentiu remorsos, o que, contudo, a levou também a um sentimento mais autêntico de esperança de vir a ser capaz de gerir os sentimentos de inveja que ameaçavam sabotar uma versão de si própria mais construtiva e mais capaz de apreciar as coisas e os outros. A mulher intrusiva poderia também ser percebida como uma parte de si semelhante a uma criança que reclama atenção e não pode suportar ver-se excluída por um par criativo, como o formado pela mãe e um bebé, ou pelo casal parental – representados estes pela nova relação mais favorável com a analista e pela melhor relação estabelecida pela paciente com o seu colega.

É frequente que a inveja se exprima na análise sob a forma de um retrocesso sobrevindo precisamente após um passo em frente. Trata-se de um fenómeno muito corrente e a que costuma chamar-se "reacção negativa ao tratamento". A paciente que estivemos a descrever reagia ao facto de ter feito certos progressos na sua análise; esses progressos ameaçavam a parte invejosa de si própria que não queria sentir-se dependente da sua análise ou reconhecer a importância que a análise para ela tinha.

Parece perceber-se claramente em muitos dos exemplos anteriores a presença da inveja. Muitas vezes, todavia, esta faz sentir a presença de modo mais insidioso, através de uma gradual contaminação da atmosfera. A analista começará a sentir que a análise não está a chegar a parte alguma, que o seu trabalho não é suficientemente bom, e talvez se vá dando conta de que uma nota subjacente de futilidade se insinua nas sessões. Com o tempo torna-se claro que o paciente não quer que a análise seja bem sucedida, ou que a analista tenha o prazer de ver o paciente mudar. Este veneno lento é o lado subtil da inveja e a dúvida que engendra é uma dos selos da inveja.

O que não quer dizer que a dúvida seja sempre causada por uma infiltração da inveja! A analista pode incorrer em erro e tem sempre de se interrogar acerca da localização do problema. Mas a dúvida engendrada pela inveja tem por propósito fazer a analista sentir que não pode confiar em si própria nem no seu próprio juízo. O seu mundo interno é alvo de um ataque encoberto, e a inveja visa destruir essas mesmas qualidades que de outro modo a pessoa invejosa valorizaria e das quais poderia beneficiar. O juízo da analista está sob assédio. Como Otelo, enfrenta a ameaça de um assalto tal, "que o juízo da razão não possa repará-lo" (*Otelo*, II, 1, 301). Só tomando consciência do processo em curso, poderá fazer avançar a análise e reconquistar o acesso à parte construtiva que foi também minada no si-próprio do paciente.

A dúvida crónica quanto aos nossos juízos poderá ser o resultado de um ataque movido pela inveja. Há casos de psicose *borderline* em que é uma parte invejosa da personalidade, uma figura invejosa interna, que ataca a capacidade de julgar do paciente e, em última instância, o seu sentido da realidade. E este assalto sofrido pelo juízo do paciente é experimentado também pelo analista.

Um paciente adolescente sofria da tenaz convicção delirante de que, se tocasse ou se aproximasse sequer de certos objectos, seria contagiado por micróbios que causariam a sua morte por efeito de uma doença incurável. O paciente era capaz de intuir a conexão entre os "micróbios" em causa e os seus sentimentos infectados, mas quando se sentia mentalmente melhor e mais lúcido na sequência desta e outras formas de compreensão do seu problema, sofria uma recaída e as suas convicções delirantes voltavam a apoderar-se dele. Parecia haver uma parte deste paciente que invejava a sua própria capacidade de intuir e compreender e de manter o sentido da realidade. Esta parte invejosa ressentia-se do facto de a sua analista ter a capacidade de lhe proporcionar uma explicação que o poderia ajudar a dissipar as suas convicções delirantes. E do mesmo modo punha também à prova o juízo da analista acerca da importância do trabalho terapêutico entretanto levado a cabo.

A analista era levada a sentir que talvez o seu trabalho de nada servisse uma vez que se repetiam esses estados de grave deterioração mental – até ao momento em que começou a dar-se conta de que os retrocessos se seguiam sempre a importantes passos em frente da análise em curso. A inveja que intervinha a este nível primitivo punha à prova tanto o paciente como a analista, e era experimentada pelo paciente como um combate entre a vida e a morte, entre a saúde mental e a loucura.

O que é que provoca a inveja?

Quando lidamos com a inveja no quadro da análise, bem como no âmbito de outras relações, há um fluxo e refluxo inevitável entre as forças da criatividade e da vida e as da inveja e da destruição. Nem sempre é fácil localizar umas e outras forças uma vez que, na situação, estão sempre implicadas pelo menos duas pessoas. A emergência da inveja é muito mais provável em certas espécies de relações, nas quais está em causa saber de que modo as coisas são dadas e de que modo são recebidas. Se a pessoa que dá sente prazer em dar e não tenta através do que dá fazer com que a pessoa que recebe se sinta diminuída, esta última poderá ser capaz de aceitar o que lhe é dado com gratidão e sentir-se animada por um desejo de emulação e de retribuição do que recebe, dando alguma coisa também por seu turno. Se, em contrapartida, a pessoa que dá não parece ter prazer em dar, ou parece dar apenas para se sentir melhor, em vez de ter em conta o interesse real da outra pessoa, esta última sentir-se-á ofendida e talvez sinta inveja: não pode receber livremente o que lhe é dado, nem por isso beneficiar do que se lhe oferece. É importante que a pessoa que dá seja capaz de sentir prazer com a gratificação experimentada por aquela que recebe e que se interesse pelo que essa pessoa faz do dom proporcionado. Se a pessoa que dá nada suportar receber por seu turno, o seu dom será mais difícil de aceitar e será mais provável que dê origem a uma resposta invejosa. (Elizabeth Bott Spillius descreveu este aspecto da inveja[24].)

Como já vimos, a inveja pode ser provocada inconscientemente e por isso é sempre importante manter um espírito aberto ao exame do que acontece dos dois lados da relação em que ela emerge. Alguns dos exemplos que dei poderiam ser considerados de diferentes pontos de vista: é muito possível que o pai que explica ao filho certos aspectos da procriação excite em certa medida a inveja do filho, do mesmo modo que a analista que anunciou a data de uma sua ausência brusca o tenha feito apresentando-a como uma ocasião ligeiramente tentadora. Talvez a inveja de Iago tenha sido inflamada pela insensibilidade do tratamento que Otelo lhe deu e pela qualidade quase demasiado-boa-para-ser-verdade da sua relação com Desdémona.

Se a pessoa que dá souber comunicar à outra que não se vê a si própria como perfeita, aquela que recebe poderá mais provavelmente sentir a inspiração de uma humanidade comum que lhe tornará mais fácil aceitar o que lhe está a ser dado, bem como lidar com alguma inveja que experimente. E aqui somos levados a considerar a questão das relações entre a inveja e a sociedade.

Inveja e sociedade

Quando pensamos na sociedade, é sobretudo essencial distinguirmos entre a inveja que é suscitada pelas privações e pela desigualdade e a inveja que descrevemos ao longo da maior parte deste livro, e que se liga a uma forma de intolerância da diferença.

O termo "a política da inveja" foi usado para justificar enormes desigualdades de riqueza e privilégios, insinuando que os sub-privilegiados deveriam fazer por não sentir inveja. Onde existirem grandes desigualdades haverá inveja, mas esta poderá ser causada mais pelas privações sofridas do que por dificuldades intrinsecamente ligadas à dificuldade de suportar a boa sorte de outrem. Por exemplo, certos casos de vandalismo poderão ser vistos como uma manifestação de inveja provocada pelas desigualdades flagrantes que existem na sociedade, mais do que como decorrendo simplesmente dos indivíduos que cometem actos de vandalismo e da sua destrutividade. É verdade que subsiste, ainda assim, a questão de sabermos porque é que certas pessoas recorrem ao vandalismo, outras procuram um emprego e outras ainda tentam mudar a sociedade.

O problema da inveja na sociedade envolve uma combinação em que os factores pessoais e sociais se entretecem. Estes factores são de ordem material e de ordem psicológica: o vândalo adolescente talvez esteja sem trabalho e não tenha perspectivas de futuro nem de formação suplementar. Ou talvez seja um jovem rebelde, que teve boas oportunidades no plano dos estudos, mas se sentiu como um peça na linha de montagem de um sistema de educação que não lhe proporcionava lugar como indivíduo, ignorando aquilo que poderia ter para oferecer ou ignorando as suas limitações. Levantar-se-á aqui também o problema do seu grau de inveja intrínseca, e dos factores que na sua infância e constituição terão contribuído para tanto. Assim, as razões da inveja que leva a atentar contra a propriedade podem ser tão complexas como a própria sociedade.

No entanto, é possível darmo-nos conta da existência de certas formas de ataque à sociedade inspiradas pela inveja que parecem nada ter a ver com a injustiça social. Pensemos, por exemplo, nos *hackers* da Internet. São indivíduos inteligentes e possuem manifestamente as competências e os computadores que lhes permitem sabotar as comunicações de outras pessoas. O seu objectivo é estragar e destruir, de maneira arbitrária, sem outro propósito. Temos a impressão de estar perante uma versão muito mais destrutiva da criança que quer interromper a conversa dos seus pais. O *hacker* quer deteriorar os instrumentos de comunicação visando tornar esta última impossível, e o seu prazer resulta de uma devastação motivada pela inveja e pela satisfação de vencer o sistema.

As manifestações sociais da inveja de maneira nenhuma se limitam à esfera das actividades criminosas. Há maneiras de utilizarmos colectivamente a inveja na nossa sociedade. Através dos *media* e de outras instituições como os clubes de futebol, as indústrias musical e cinematográfica, fazemos com que haja celebridades que ascendem a posições invejáveis em termos de riqueza e de sedução, e tentamos depois destruí-las por meio da maledicência, do escândalo e recusando-lhes a esfera privada – no que é uma intrusão invejosa em vidas que ajudámos a construir.

Deixamos que os publicitários provoquem a nossa cobiça e o nosso desejo de bens materiais, dos produtos da indústria da moda aos automóveis elegantes. Poderia sustentar-se que a publicidade conduz à emulação, mas muitas vezes parece tratar-se de um tipo de emulação que se baseia numa insatisfação comercialmente produzida connosco próprios e com a nossa imagem, um assalto alimentado pela inveja à nossa dignidade pessoal e outros valores nossos. Somos impelidos a sentir que temos de comprar mais alguma coisa para sentirmos que valemos um pouco mais, em vez de apreciarmos o que temos ou de recorrermos ao nosso interesse e implicação com o que está para além de nós e das nossas posses materiais.

Uma mulher na casa dos trinta anos procurou tratamento psicanalítico porque sofria de uma insatisfação crónica com a vida. Servia-se da exibição da riqueza e da sedução para provocar inveja nas outras pessoas, mas mantinha-se profundamente descontente e comunicava um sentimento de pobreza interior. Qualquer actividade a que pensasse dedicar-se acabava por se revelar rapidamente desmotivadora: a vida social parecia sem sentido, o desporto era um desperdício de energia, a leitura uma ocupação absurda. Ao usar a ostentação da riqueza e da moda para projectar a sua inveja, tentava livrar-se dela. Mas era a inveja que a tornava incapaz de aceitar o que a vida tinha para lhe oferecer em termos de interesses e relações. Parecia ter querido proteger-se dos seus intensos sentimentos de inveja e ciúme refugiando-se num estado de retraimento narcísico e em particular privando as outras pessoas do prazer de serem capazes de a fazer feliz. Quando tomou consciência durante a análise de que o seu desgosto perante o que a vida podia oferecer-lhe era o resultado de ela a desvalorizar *porque* a vida tinha muito a oferecer-lhe, adoptou uma atitude menos "enjoada" e começou a apreciar melhor a sua vida de relação e a desenvolver interesses mais vastos.

É óbvio que nem toda a gente usa a riqueza e os seus bens deste modo, mas será muito fácil que o faça quem tenha esses meios ao seu alcance. As desigualdades de riqueza e de oportunidades no interior de cada sociedade e entre diferentes sociedades tendem a provocar inveja entre os indivíduos e as sociedades menos favorecidos, e culpabilidade ou denegação entre os mais favorecidos. A difusão em larga escala da televisão, com os seus programas e os seus anúncios dominados pela lógica da comercialização, exacerba também a inveja em regiões em que a maior parte dos bens publicitados são inacessíveis devido à pobreza.

Uma outra manifestação social da inveja que gostaria de considerar é a inveja que acompanha a discriminação exercida contra grupos de pessoas diferentes de nós. As múltiplas divisões existentes na nossa sociedade prestam-se a ser causa de suspeitas e desconfianças. O que nos faz voltar a considerar o tipo da inveja destrutiva que não tem a ver só com a privação de recursos ou a competição em torno dos bens, mas também com o facto de nos poder ser difícil aceitar o que as outras pessoas têm a oferecer-nos. Poderá ser mais fácil denegrir um grupo de pessoas diferentes de nós e ver os seus defeitos do que abrirmos o nosso espírito ao reconhecimento de qualquer coisa de novo. O preconceito assenta em larga medida na projecção de sentimentos que nos parecem inaceitáveis sobre outros grupos ou indivíduos. Poderemos tentar denegar assim os nossos aspectos negativos, em vez de nos tornarmos capazes de suportar o facto de um outro grupo ter coisas que não temos e de nos permitirmos tirar prazer da riqueza e variedade das diferenças.

Em conclusão

Talvez devamos agora voltar a Chaucer: "Certamente, é o amor o remédio que expulsa o veneno da Inveja do coração dos homens"[25].

Chaucer descreve a dor causada pelo reconhecimento da inveja e pelas tentativas de emenda, ao mesmo tempo que sugere que é a capacidade de amar que torna possível vencê-la. Esforçarmo-nos por reconhecermos a nossa inveja e tentarmos reparar aos seus efeitos sobre as nossas vidas colectiva e individual é uma manifestação de amor, na medida em que poderá proteger aqueles que de outro modo seriam lesados pela inveja. Ou, no caso de o mal ter sido já feito, esse reconhecimento poderá conduzir à reparação e à reconciliação. Na medida em que formos capazes de assumir a responsabilidade pela nossa inveja, poderemos por vezes encetar um ciclo benéfico, com a amargura e a culpabilidade dando lugar à gratificação e à gratidão, ao mesmo tempo que nos daremos conta de que a outra pessoa, ou grupo de outras pessoas, nos oferecia qualquer coisa que tínhamos dificuldade em aceitar. A gratidão, o alívio de ser possível afinal preocuparmo-

-nos com a outra pessoa, e o prazer causado pelo que essa outra pessoa tem para nos dar, tudo isto poderá servir para contrariar os efeitos devastadores da inveja. Seria verdade dizermos que, se o mal da inveja está em atacar a bondade, o bem que nos traz a resolução do problema da inveja está em podermos passar então a apreciar e a gozar a bondade da vida e das coisas.

.

Notas

[1] Chaucer, G., "The Parson's Tale", em *The Canterbury Tales*, Londres, J.M. Dent & Sons Ltd., 1958, p. 561.

[2] *Ibid.*

[3] *Ibid.*

[4] [*Sight hateful, sight tormenting! Thus these two / Imparadis'd in one another's arms / The happier Eden, shall enjoy / Of bliss on bliss, while I to Hell am thrust.*]. Milton, J., *Paradise Lost* (livro IV), Londres, Penguin Books, 1989, p. 92, vs. 505-508.

[5] [*Me miserable! Which way shall I fly / Infinite wrath and infinite despair? / Which way I fly is Hell; myself am Hell; / And in the lowest deep a lower deep / Still threat'ing to devour me opens wide / To which the Hell I suffer seems a Heav'n.*]. *Ibid.*, p. 80, vs. 73-78.

[6] Sigmund Freud (1856-1939) foi o fundador da psicanálise.

[7] Freud, S., *Analysis Terminable and Interminable* (1937), em *The Standard Edition of the Complete Psychological Works of Sigmund Freud*, vol. XXIII, Londres, The Hogarth Press and the Institute of Psycho-Analysis, 1953-1973, p. 252.

[8] Abraham, K., *Selected Papers on Psycho-analysis*, Londres, The Hogarth Press and the Institute of Psycho-Analysis, 1927, p. 397.

[9] *Ibid.*, pp. 306-307.

[10] *Ibid.*, p. 307.

[11] Klein, M., *Envy and Gratitude and Other Works 1946-1963*, Londres, The Hogarth Press and The Institute of Psycho-Analysis, 1975, p. 202.

[12] *Ibid.*, p. 222.

[13] *Ibid.*, p. 180.

[14] Emanuel, R., *Ideas in Psychoanalysis: Anxiety*, Cambridge, Icon Books, 2000, p. 23.

[15] Rosenfeld, H., "A Clinical Approach to the Psychoanalytic Theory of the Life and Death Instincts: An Investigation into Agressive Aspects of Narcissism", em *The International Journal of Psycho-analysis*, vol. 52, 1971, pp. 169-178.

[16] Klein, *ibid.*, p. 185.

[17] *Ibid.*, p. 188.

[18] Milton, J., "On His Being Arrived to the Age of Twenty-Three", em *Selected Poems*, Londres, Constable and Company Ltd., 1993, p. 14.

[19] Shakespeare, W., *The Tragedy of Othello, the Moor of Venice*, em *The Complete Oxford Shakespeare: Vol. III: Tragedies*, edição de S. Wells e G. Taylor, Oxford, Oxford University Press, 1987, pp. 1165-1204.

[20] Abraham, *op. cit.*

[21] Kermode, F., *Shakespeare's Language*, Londres, Penguin Books, 2000, p. 176.

[22] *Ibid.*, p. 172. A referência ao "Mouro lascivo" encontra-se em *Othello*, II, 1, 294.

[23] Klein, *Envy and Gratitude*, *op. cit.*, p. 215.

[24] Bott Spillius, E., "Varieties of Envious Experience" em *The International Journal of Psycho-analysis*, 1993, vol. 74, part 6, pp. 1199-1212.

[25] Chaucer, *op. cit.*, p. 564.

Agradecimentos

Gostaria de agradecer às seguintes pessoas a atenção e a imaginação da sua leitura do meu original: Paul Barrows, Ted Edgar, Caroline New, Jane Temperley e Ivan Ward. E de agradecer também aos meus pacientes.

Índice

Introdução — 7
Definições da inveja — 9
Efeitos internos da inveja — 13
Inveja e ciúme — 17
Freud — 23
Abraham — 27
Klein — 31
A inveja durante a infância — 39
A inveja na adolescência — 43
A inveja na idade adulta — 47
Iago — 53
A tentativa de ignorar a inveja — 61
A inveja e relação psicanalítica — 67
O que é que provoca a inveja? — 73
Inveja e sociedade — 77
Em conclusão — 83
Notas — 85
Agradecimentos — 87